ANNALISA RASCATO

LA MASCHERA DELLA STREGA TRASFORMAZIONE DEL MONDO MAGICO IN TERRA DI LAVORO

Indice

Ti mettiâe ou brûgu rèdennu'nte 'n cantún
che se d'â cappa a sgûggia 'n cuxin-a á stria
a xeûa de cuntâ 'e págge che ghe sún
'a çimma a l'è za pinn-a a l'è za cúxia [...].*

Fabrizio De André, *Á Çimma*,1990

*Metterai la scopa di saggina dritta in un angolo/che se dalla cappa scivola in cucina la strega/a forza di contare le paglie che ci sono/la cima è già piena è già

3

cucita[...].

Nota alla Pubblicazione

L'oggetto di questo libro è una ricerca universitaria, relativa ad un lavoro di tesi di laurea del 2009 della facoltà di Conservazione dei Beni Demo-Etno-Antropologici dell'Università Suor Orsola Benincasa di Napoli, con relatore il sociologo Antonello Petrillo.

Si è scelto di inserire questa ricerca on line per diffonderla sul web, questa ricerca antropologica, per quanto parziale, può essere utile come lettura di un mondo arcaico magico-popolare che sta sempre di più scomparendo, e che al contempo persiste nella memoria collettiva. Può inoltre, essere spunto di riflessione relativo ad un folklore proprio della Terra di Lavoro, capace di fornire una ulteriore lettura di leggende e miti popolari di un Sud che ha ancora tanto da raccontare.

Introduzione

Nell'epoca moderna in cui ci troviamo, succube della tecnologia, lentamente le tradizioni, le credenze, le ritualità scompaiono eppure non poche tracce del passato convivono con gli elementi più moderni.

Espressioni, abitudini, piccoli gesti accompagnano la nostra quotidianità in rappresentanza di un mondo popolare antico, che delinea le nostre radici in questa terra.

L'antropologo Ernesto De Martino, nella sua *Ricerca sui guaritori e la loro clientela,* precisa tale aspetto parlando «dell'equilibrio ideologico tra civiltà moderna, religione cristiana e magia»[1].

In questa ricerca effettuata nel 2009 si è voluto verificare se nella società attuale di Terra di Lavoro si crede ancora alle streghe e ai malefici.

Questa ricerca è iniziata con il tentativo di "smascherare" la strega, delineando la figura femminile - spesso demonizzata - analizzando i molteplici ruoli da lei interpretati (o a lei assegnati) nel corso dei secoli, i luoghi dove si è maggiormente sviluppata la credenza nella stregoneria, gli strumenti usati per debellare queste donne, ma anche i luoghi dei loro incontri (dove si svolgevano i *Sabba*).

Ci si è soffermati sui culti e le divinità che hanno rafforzato la

---

[1] Cfr. Ernesto De Martino, *Ricerca sui guaritori e la loro clientela*, Lecce, Argo, 2008.

credenza in una "religione delle streghe" e la sopravvivenza di culti agrari, analizzati dallo storico Carlo Ginzburg, avente come fondamento lo scontro simbolico fra streghe e benandanti, coloro che potevano sconfiggerle.

Infine, nel terzo e ultimo capitolo ho effettuato una ricerca sul campo per verificare la presenza, al giorno d'oggi, delle streghe nel Meridione, e in particolare delle *Janare* in Campania. Ho cercato di conoscere questa figura leggendaria, definendo i vari metodi dell'agire delle streghe (fascinazione, malocchio, fattura) e indagando su ciò che ne è rimasto; ho realizzato, inoltre, alcune interviste per valutare quanto sopravvive di lei nella memoria collettiva e quanto si è perduto.

Come ha scritto De Martino: «la magia del Sud non è soltanto costituita da relitti di arcaici rituali che cadono in desuetudine ogni giorno che passa, ma anche dalla particolare accentuazione magica del cattolicesimo meridionale: e qui già non è più possibile parlare di logori relitti e di forme di vita magico-religiose che non abbiano importanza attuale per tutti gli strati della società meridionale»[2].

La figura dispettosa della strega nel mondo popolare (che cambia nome da regione a regione) colpisce inconsciamente con occhio invidioso (il malocchio) coloro che si trovano in una posizione migliore. Oggi, in un mondo che, per quanto avanzato, è devastato da crisi economiche, povertà, precarietà del lavoro, difficoltà di

---

[2]   Ernesto De Martino, *Sud e magia*, Milano, Feltrinelli, 2006 (I^a ed. 1959), pp. 10-11.

6

sostentamento, la rabbia repressa scatenata dall'invidia sociale è ancora prerogativa delle streghe o si è disseminata nella comunità?

Capitolo 1
La maschera della strega

1.1 **Dietro la maschera**

Nella storia la donna è sempre stata oggetto di discriminazioni e uno degli scenari più cruenti è stato il periodo della caccia alle streghe, quando la donna diviene *strega*.

Nel Medioevo le streghe sono additate come eretiche, amanti di Satana, custodi di poteri magici acquisiti da contratti con il demonio. La figura della strega ha, però, radici che precedono il Cristianesimo, legata ai culti pagani della terra e della fertilità.

Il termine "strega", deriverebbe dal latino *strix-strigis*, strige o barbagianni, uccello rapace notturno che gli antichi credevano succhiasse il sangue dei neonati[3].

Terra di origine delle *striges* era la zona compresa tra la Tracia e la Tessaglia, identificate come donne-uccello il cui nascondiglio sarebbe celato tra i monti Sibillini[4].

In francese *sorcier/sorcière* si ricollega a *sortes,* la tradizione di trarre

---

[3]   Cfr. voce "strix" in Luigi Castiglioni, Scevola Mariottti, *Vocabolario della lingua latina*, Torino, Loescher, 1996.
[4]   Cfr. Massimo Centini, *Le streghe nel mondo*, Milano, De Vecchi, 2002, p. 12.

auspici, caratteristica dei maghi e delle fattucchiere; in inglese *wizard/witch,* che deriva dal sassone *wicca/wicce,* corrisponde a saggio/saggia; significato simile ha anche il tedesco *hexer/hexe.*

Strega è anche sinonimo di Empusa, demone femminile spettrale che uccideva gli uomini con i quali giaceva, succhiandone il sangue; così anche la Lamia (la mitica amante di Giove che si tramutava in animale) che, secondo antiche credenze popolari greche, beveva il sangue di infanti ed uomini, divorandone il cuore (indicata anche come civetta e sciacallo).

Vediamo, dunque, come *striges, lamiae, arpie* (donne perfide con il corpo di rapaci), *Erinni* (divinità greche della vendetta dall'aspetto terrificante) sono figure femminili molto simili tra loro[5].

Nella terminologia moderna, *strega* è spesso affiancata da aggettivi quali megera, malefica, brutta, vecchia, perfida e irrequieta, mentre nella letteratura e nel cinema (da Biancaneve, al Mago di Oz a Le streghe di Eastwick) è rappresentata con logori vestiti, porri sul naso, cappelli a punta e a cavallo di un manico di scopa, sempre in cerca di fanciulli innocenti sui quali infliggere malefici.

Nell'immaginario collettivo popolare esistono numerose credenze sulle streghe, tutte capaci di fare malefici, come il *malocchio*[6]; solo nel 1400 la strega diviene "reale", rappresentata come amante del diavolo[7].

---

[5]   Cfr. *Ivi,* p. 14.

[6]   L'etimologia del termine *malocchio,* dal dialetto napoletano 'malo occhio' ('jettare 'o mal'occhio', gettare l'occhio malvagio, gettare il malocchio), indica un sortilegio malvagio realizzato con lo sguardo. Il significato si è esteso, indicando altre forme di fascino o maleficio provocato a danno di un'altra persona.

Tra la fine del XIV e l'inizio del XVIII sec. si acuisce la cosiddetta *caccia alle streghe*[8], durante la quale la repressione era legalizzata e venivano arsi sul rogo tutti gli esclusi, coloro che non erano accettati dall'egemonia religiosa del tempo, come eretici, ebrei e lebbrosi, in quanto considerati reietti della società[9].

L'essere femminile (il domenicano Nider nel *Formicarius*, scrive che "*fe-mina*" deriverebbe da *fe-minus*: la donna ha meno fede dell'uomo, teoria avvalorata poi, da Sprenger nel *Malleus Maleficarum*)[10] considerato causa di tutti i mali e dei peccati dell'uomo, succube di un'esistenza controllata, armata di seduzione e mistero, tentatrice di uomini ingenui portati sulla via della perdizione, diviene il perfetto capro espiatorio.

Come gli ebrei e i lebbrosi sono accusati di avvelenare pozzi o di diffondere contagi[11], così ogni fenomeno inspiegabile o calamità naturale si crede causato dai malefici di queste donne, facili prede del demonio, che vanno estirpate dalla società.

La maggioranza delle donne additate come streghe appartiene soprattutto a classi popolari rurali, di ogni età e spesso levatrici (quindi ritenute responsabili ogniqualvolta il parto non aveva buon fine), guaritrici o profonde conoscitrici delle proprietà curative delle

---

[7]   Cfr. Wolfgang Behringer, *Le streghe*, Bologna, il Mulino, 2008.
[8]   Cfr. Jean-Michel Sallmann, *Le streghe amanti di Satana*, Torino, Universale Electa/Gallimard, 1995.
[9]   Cfr. Carlo Ginzburg, *Storia notturna. Una decifrazione del sabba*, Torino, Einaudi, 2007 (Iª ed. 1989).
[10]   Cfr. Jules Michelet, *La strega*, Roma-Viterbo, Stampa Alternativa/Nuovi Equlibri, 2005 (Iª ed. 1971), p. 269.
[11]   Cfr. Carlo Ginzburg, *Storia notturna*, cit. pp. 5-27.

piante. Più semplicemente bastava essere solitarie o avere un gatto nel focolare domestico (animale venerato come sacro nell'antico Egitto che nell'era cristiana e nel corso del Medioevo, cominciò ad essere concepito come un essere diabolico e sovrannaturale; nel '700 a Parigi molti gatti vennero, infatti, chiusi in sacchi e uccisi)[12]. Nella tradizione campana il felino possiede varie valenze simboliche (come la Madonna della gatta nel casertano) da cui derivano molte superstizioni tra le quali la più diffusa è quella del gatto nero che porta sfortuna[13].

Processi, torture e roghi erano competenze dell'autorità civile che, basandosi sulle sentenze dell'autorità ecclesiastica, emanava una condanna, provvedendo all'esecuzione. L'eresia era considerata un reato civile, in quanto la fede era un elemento essenziale della società, quindi non veniva minacciata solo l'unità della fede ma anche l'unità sociale.

Si parla di grandi percentuali di vittime principalmente donne; grandi scenari sono la Francia, la Gran Bretagna e la Germania. In Italia, a Triora, avvennero famosi processi di stregoneria[14]:

Proprio nella chiesa di San Bernardino a Triora (Imperia), un affresco della fine del XV secolo ne mostra un gruppo nella fornace

---

[12]   Oscar Di Simplicio, *Autunno della stregoneria. Maleficio e magia nell'Italia moderna*, Bologna, il Mulino, 2005, p. 313.
[13]   Ugo Vuoso, *Di fuoco, di mare e d'acque bollenti. Leggende tradizionali dell'isola d'Ischia*, Ischia Ponte, Imagaenaria, 2005, p. 209.
[14]   Cfr. Stefano Meriggi, *Le tre bocche di Cerbero. Il caso di Triora: le streghe prima di Loudun e Salem*, Milano, Bompiani, 2004. A Triora, cittadina sulla riviera di Ponente, vi furono processi di stregoneria dal 1587 al 1589.

infernale[15].

Le dannate, infilzate dai demoni, evidenziate dalla scritta: *fatucerie* (fattucchiere), hanno una mitra in testa su cui è dipinto un diavolo nero, diavolo di cui hanno invocato in vita l'aiuto, simbolo della loro cieca fiducia. Nella biografia della strega particolarmente insistiti sono i rapporti sessuali con il demonio (che degenerano in orge), oppure l'aspetto laido, di vecchia ripugnante - espressione di una scissione maschile che desidera e respinge la bellezza muliebre – il suo accanirsi sui bambini appena nati, dei quali provoca la morte bevendone il sangue, la capacità di fabbricare unguenti. Nella realtà questi due ultimi aspetti rimandano alla familiarità delle donne nell'assistere ai parti e a intervenire con prestazioni di tipo medico per molte malattie femminili (data l'altissima mortalità infantile e puerperale è facile capire come il dolore addossasse la responsabilità del decesso a chi si era occupato del bambino o della madre)[16].

---

[15]   v. fig. 1.
[16]   Chiara Frugoni, "La donna nelle immagini, la donna immaginata", in Michelle Perrot, Georges Duby, *Storia delle donne in Occidente. Il Medioevo*, Roma-Bari, Laterza, 1990, vol. 1, p. 441.

Fig. 1[17]

Tra i primi accusati di "stregoneria" vi sono i Valdesi: nel XII sec. Pietro Valdo, mercante di Lione, si dedicò alla predicazione evangelica ma venne scomunicato insieme ai suoi discepoli dal Concilio di Verona del 1184. Alcuni sostengono che la repressione della stregoneria sia iniziata in Europa tra il 1420 e il 1430 nel Delfinato, tra le Alpi francesi e svizzere e il Jura, regioni in cui erano insediate alcune comunità valdesi, terminando solo nel 1780 (l'apice raggiunto tra il 1560 e il 1630). La stregoneria era percepita come un comportamento antisociale, rappresentato da un sistema simbolico che vede il rovesciamento dei valori sociali[18].

Tra la fine del XV e l'inizio del XVI sec. ebbe un ruolo predominante l'Inquisizione spagnola per la sua crudeltà indirizzata soprattutto ai "Moriscos", i marrani (gli ebrei convertiti) e agli eretici[19].

Il terribile inquisitore Tomás de Torquemada inaugurò nel 1481 a Siviglia l'*Autodafé*, cioè "Atto di fede" (l'ultimo rogo in Spagna risale al 1783), cerimonia pubblica durante la quale veniva eseguita la condanna stabilita dall'Inquisizione. Il reo veniva vestito con i *sanbenitos* (sacchi che rappresentavano gli abiti di infamia) ed era invitato all'abiura; se egli rifiutava veniva consegnato al braccio

---

17   *L'Inferno*, affresco sul muro destro della navata (fine XV sec.), part. *Le streghe*, Chiesa di San Bernardino, Triora.
18   Cfr. Wolfgang Behringer, *op. cit.*, pp. 33-36.
19   Jean-Michel Sallmann, *op. cit*, p. 15.

secolare e condannato al rogo.

La situazione era ben diversa in Italia: i roghi iniziarono a diminuire quando umanisti e politici posero fine al fanatismo degli inquisitori (anche se il Sud è stata la zona più tranquilla, la maggior parte dei processi si concluse senza condanne, se non per reati minori)[20].

Le "maschere" indossate dalle streghe sono molteplici: da seguaci del demonio a vittime innocenti dell'Inquisizione, costrette a confessare presunti incontri notturni. Nella cultura anglosassone, le streghe sono soprattutto erboriste, guaritrici, che riescono a entrare in contatto con le forze della natura traendone auspici.

Jacob Grimm definì le streghe "donne sagge", protettrici dei segreti di un'antica cultura popolare e per tale motivo perseguitate dalla Chiesa. Jules Michelet le considerava "medichesse del popolo", vittime della sopraffazione feudale e anticipatrici della rivoluzione sociale[21].

Una voce fuori coro fu il medico olandese razionalista Johann Wier che, accusato di eresia, scampò al rogo grazie alla sua posizione di prestigio alla corte di Guglielmo III. Egli riconduceva ogni fenomeno a cause patologiche naturali e il *Sabba* a una forma di immaginazione e offuscamento dei sensi affermando:

«Cercherò di dimostrare che una strega è per lo più una vecchierella stupida di mente, ignorante, illetterata, sedotta dallo spirito demoniaco che la incanta coi suoi prodigi, invasa e corrotta dal

---

[20]   Antonio Emanuele Piedimonte, *Nella terra delle janare. Viaggio nell'Irpinia segreta, tra leggende, magia e misteri*, Napoli, Intramoenia, 2007, p. 31.
[21]   Cfr. Wolfgang Behringer, *op. cit.*, p. 9.

demonio ma soltanto col pensiero e le immaginazioni fallaci, sì che giunge a confessare sempre cose che non avrebbe in realtà mai potuto fare perché la natura non lo permette»[22].

Visione originale e ingiuriosa che giustifica le streghe, ritenendole vittime del sistema vigente e proponendo non una condanna, ma una rieducazione.

L'interpretazione dell'irlandese Charles G. Leland, anticipatore della scuola antropologica di ispirazione marxista, consiste invece nel vedere queste "eretiche" come rivoltose contadine che tentavano di ribellarsi all'egemonia ecclesiastica e maschilista del tempo, che voleva annientare la cultura femminile e il paganesimo[23].

Vi sono stati numerosi collegamenti con le forme di ribellione delle donne, dalla stregoneria al tarantismo, tutte forme estatiche, scatenate da cause sovrannaturali che tendono a giustificare una esasperazione collettiva di repressione spirituale, mentale e sessuale attraverso stati di *trance* che riconducono allo sciamanesimo[24].

Come le tarantolate, in epoca moderna, raggiungono una totale libertà nel momento del morso della tarantola[25], così le streghe si liberavano nel loro raduno, il *Sabba*, dove con musiche tribali, danze selvagge, uso di agenti psicotropi (gli unguenti) veniva eliminata ogni

---

[22]   Johann Wier, *La strega*, Palermo, Sellerio, 1991, p. 56.
[23]   Cfr. Charles G. Leland, *Il vangelo delle streghe. Aradia*, Roma, Stampa Alternativa Nuovi Equlibri, 2001.
[24]   Michela Zucca, *Donne delinquenti. Storie di streghe, eretiche, ribelli, rivoltose, tarantolate*, Napoli, Edizioni Simone, 2004, p. 134.
[25]   Cfr. Ernesto de Martino, *La terra del rimorso. Il Sud, tra religione e magia*, Milano, Il Saggiatore, 2002 (Iª ed. 1961).

inibizione completando, così, il viaggio sciamanico.

Alla fine del '600 non fu più possibile istituire processi di stregoneria per dicerie, ma divennero essenziali prove tangibili, come l'uso di veleni.

Alcuni sociologi vedono la «rappresentazione della stregoneria come uno strumento di autocoscienza della società che, isolando la devianza, si accorderebbe sulle norme condivise» mentre l'etnologia interpreta «la paura delle streghe come sintomo della crisi di una società»[26].

Nel XVIII sec. la strega è definitivamente "smascherata", e la stregoneria demoniaca diviene leggenda, mera superstizione, scomparendo nella pratica giudiziaria dei paesi occidentali[27].

La paura verso le streghe ha, però, un nuovo focolaio: nella provincia del Nord della Repubblica del Sud Africa, nel 1996, circa trecento persone sono state condannate per stregoneria e giustiziate dai tribunali locali. La popolazione cominciò a dare la caccia a donne anziane ritenute responsabili di un'epidemia di tetano che aveva causato un aumento della mortalità infantile. Il governo diffuse via radio le confessioni di queste donne che sostenevano di essersi trasformate in civette, stregando poi i bambini dei quali si sarebbero cibate[28].

La strega oggi rappresenta anche un simbolo, infatti nell'Occidente le donne dei movimenti femministi vengono chiamate "nuove

---

[26]   Wolfgang Behringer, *op. cit.*, p. 10.
[27]   Cfr. Jean-Michel Sallmann, *op. cit.*, p. 125.
[28]   Cfr. Wolfgang Behringer, *op. cit.*, p. 13.

streghe" in quanto tali figure sono state rappresentate in contrasto con la società patriarcale.

1.2 Inquisizione, tribunale di potere

Verso la fine del XII sec. fu istituito, per iniziativa della Chiesa cattolica, il Tribunale dell'Inquisizione (dal latino *inquirere*, indagare) per reprimere le eresie[29].

Sopravvisse per circa cinque secoli, periodo in cui gli inquisitori indagavano sui sospettati estorcendo confessioni tramite interrogatori e torture, tentando di farli abiurare; pena la scomunica, l'esilio o la messa a morte: «The Inquisitions of Rome and Portugal can be seen to have applied justice with a much lighter hand than the secular courts, largely refraining during the Sixteenth Century from the use of torture to elicit information»[30].

Fino al XIII sec. il sistema di giudizio consisteva nell'ordalia (basata sul principio che Dio non abbandona gli innocenti): l'accusato doveva superare alcune prove per dimostrare la propria innocenza. Una di queste era il galleggiamento: al sospettato venivano legate mani e piedi e veniva immerso nell'acqua; se galleggiava si trattava di un reo di stregoneria, se affondava era innocente. Una delle ordalie più usate, però, era la *stigma diabolicum*: il prigioniero veniva punto con degli spilloni, se non vi era alcuna reazione, questi era in

---

[29]   Cfr. Jean-Michel Sallmann, *op. cit.*, p. 59.
[30]   P.G. Maxwell-Stuart, *Witchcraft in Europe and the New World, 1400-1800*, New York, Palgrave, 2001, p. 74.

contatto con il diavolo[31].

Con la ripresa della *Lex Romana*, si tende ad abbandonare il cosiddetto "giudizio divino" ricorrendo a quello "umano". Innocenzo IV emanò nel 1252 la bolla *Ad extirpanda*, che autorizzava la tortura per ottenere confessioni, cercando di non uccidere. La tortura era una vera barbarie ed aveva un grande ventaglio di possibilità; tra queste le più "popolari" erano la *ruota*, usata in Francia e in Germania, che spezzava gli arti causando una lunga agonia. Il *tormentum insomniae*, che consisteva nel privare la vittima del sonno, immergendola continuamente nell'acqua. Una tortura usata principalmente per gli accusati di stregoneria era la *culla della strega*: si chiudeva il prigioniero in un sacco legato ad un ramo, si faceva oscillare e il dondolio causava un forte disorientamento o allucinazioni inducendo il malcapitato a confessare. Una delle più conosciute era la *Vergine di Norimberga*, contenitore a forma umana con lame metalliche inserite internamente. In Gran Bretagna, invece, era usata molto la tortura dell'*immersione dello sgabello*: la donna veniva legata ad un sedile per poi essere immersa in stagni o laghi, perciò in acque molto fredde. Nei paesi cattolici era necessaria la pulizia dell'anima, in quanto l'anima di una strega o di un eretico in generale era sporca e così gli accusati venivano costretti a ingerire acqua calda o sapone. Senza limiti di confine, il rogo era diffuso ovunque: consisteva in una manifestazione pubblica, durante la quale la strega veniva legata a un palo e bruciata viva così da purificarsi[32].

---

[31]   Cfr. Jean-Michel Sallmann, *op. cit.*, p. 64.

L'inquisitore, che era nominato direttamente dal Papa, era affiancato dal Consiglio della Suprema Inquisizione legato ai tribunali distrettuali. I giudici venivano chiamati spesso dai parroci che richiedevano il loro intervento laddove si riteneva fossero presenti eretici; molte volte le indagini partivano da timori scatenati da dicerie o calunnie all'interno dei villaggi. L'Inquisizione romana, il Sant'Uffizio, istituito da Paolo III, aveva il compito specifico di reprimere le correnti protestanti (in particolare a Modena, Lucca e Napoli), facendosi portavoce di una mentalità oscurantista (basti pensare ai celebri processi di Galileo Galilei e Giordano Bruno)[33].

La maggiore repressione della pratiche magiche nel '500 italiano fu guidata da una curia arcivescovile napoletana, anche se, un dato interessante è che in Italia meridionale non vi furono roghi. Le pene erano principalmente spirituali, come l'abiura, ed economiche o giudiziarie, come multe di entità variabili, o detenzione[34].

Il periodo dell'Inquisizione diede alla luce anche una vasta produzione manualistica: testo fondamentale del 1486 fu il *Malleus Maleficarum* (Il Martello delle streghe), redatto dai frati domenicani Sprenger e Kramer. Si trattava di un vero e proprio manuale di caccia, che esplicava nella prima parte le debolezze delle donne e la loro propensione per il diavolo, quindi l'esistenza delle streghe. Affermava, inoltre, che il volo del *Sabba* era un'illusione, mentre la

---

[32]   Cfr. Massimo Centini, *op. cit.*, pp. 51-64.
[33]   Cfr. Giovanni Romeo, *L'Inquisizione nell'Italia moderna*, Roma-Bari, Laterza, 2006.
[34]   Cfr. Jean-Michel Sallmann, *op. cit.*, p. 98.

distruzione dei raccolti e la proliferazione di ogni genere di malattia erano reali. Nella seconda parte spiegava i poteri delle streghe e i possibili rimedi, e, nell'ultima parte, descriveva come catturare, processare ed eliminare le streghe, con un elenco dettagliato della pratica della tortura.

Il *Canon Episcopi,* invece, forniva istruzioni ai vescovi per affrontare la "Società di Diana" e negava il volo notturno corporeo, affermandone la realtà sotto forma di spirito (che era elemento d'accusa)[35].

La caccia alle streghe si acuì tra il '500 e il '600 e solo nel '700 andarono scemando gli stereotipi sulle streghe ponendo fine alle persecuzioni[36].

Eppure in Gran Bretagna, nel 1944, una *medium*, Helen Duncan fu incarcerata con l'accusa di "fingere di essere una strega" mettendo in pericolo la sicurezza nazionale. Per puro caso nel corso di una seduta si imbatté in alcuni segreti di stato riguardanti l'affondamento della *Barham* durante la Seconda guerra mondiale. La polizia inglese fece ricorso al *British Witchcraft Act* del 1735, emanato da re Giorgio II, quando ancora venivano arse le streghe[37].

---

[35]   Cfr. Sergio Abbiati, Attilio Agnoletto, Maria Rosario Lazzati, *La stregoneria. Diavoli, streghe, inquisitori dal Trecento al Settecento*, Milano, Mondadori, 2003 (Iª ed. 1984).
[36]   Giovanni Romeo, *op. cit.*, p. 99.
[37]   Cfr. Nina Shandler, *The strange case of Hellish Nell: The story of Helen Duncan and the witch trial of world war II*, Cambridge, Da Capo Press, 2006.

1.3 Il luogo del Sabba

Vi sono più ipotesi sull'origine della parola *Sabbat*: una di queste la riconduce alla radice del termine ebraico *Shabbath* che significa "cessare di compiere azioni". Infatti il sabato è giorno di riposo degli ebrei, giorno in cui avveniva anche il *Sabba*.

Un'altra, invece, ricollega il termine al fiume Sabato, che scorre tra Avellino e Benevento, zona in cui tra l'altro si trovava il noce e dove si riteneva avvenisse l'incontro tra le streghe di tutto il mondo.

Il *Sabba* nell'immaginario popolare, tra il XIV e il XV sec., si riteneva fosse il raduno notturno delle streghe, luogo in cui avveniva il loro incontro con il demonio.

Tradizionalmente si ritiene che le streghe si riunissero a Benevento, e proprio sotto il famoso noce avvenivano i giochi dalle connotazioni orgiastiche, i *Megalensia*, festeggiati dal 4 al 10 Aprile e introdotti in Italia nel 204 a.C. Il luogo accoglieva, tra l'altro, il tempio della dea Cibele sul monte Partenio; nel 1903 inoltre a Benevento furono trovati i resti di un tempio dedicato alla dea egizia Iside[38].

La leggenda del noce risale al periodo dei Longobardi a Benevento; nelle proprie usanze pagane, essi veneravano un albero sacro dal quale lasciavano pendere una o più pelli di rettili (elemento collegato ad Iside, dea egizia che dominava i serpenti)[39].

San Barbato (602-682) fece tagliare il noce e quando Benevento fu

---

[38]   Cfr. Cesare Bermani, *Volare al Sabba. Una ricerca sulla stregoneria popolare*, Roma, DeriveApprodi, 2008.

[39]   Cfr. Antonio Emanuele Piedimonte, *op. cit.*, pp. 29-31.

assediata dalle truppe bizantine di Costante II, San Barbato assicurò la salvezza al Duca Romualdo, capo dei Longobardi, a condizione di non venerare più il serpente. Romualdo promise e, una volta salvo, fece nominare San Barbato vescovo di Benevento; il duca, però, conservò una vipera d'oro da idolatrare che il vescovo si fece consegnare dalla moglie di questi, Teodorata. San Barbato poi, fuse l'oro e ne fece un calice per celebrare l'Eucarestia[40].

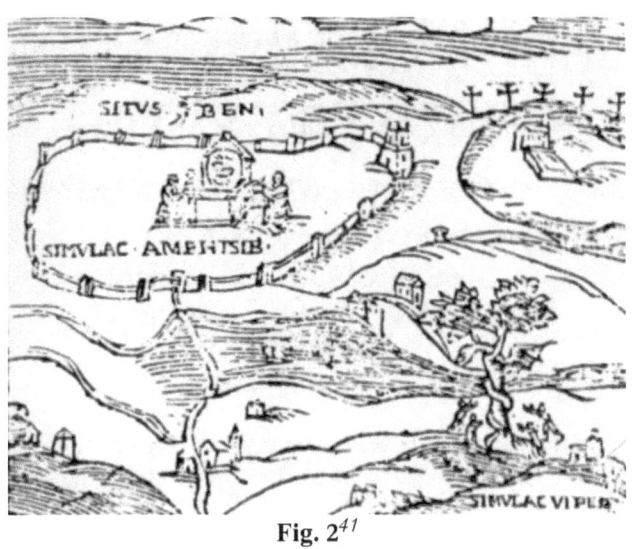

Fig. 2[41]

Esistevano due tipi di assemblee notturne: i *Sabbat* e gli *Esbat*. Il *Sabba* era una cerimonia religiosa e avveniva in giorni stabiliti dell'anno, l'*Esba* aveva come fine il semplice divertimento e non aveva giorni e ore precisi; entrambe si concludevano con danze e

---

[40]   Cfr. Pietro Piperno, *Della superstitiosa noce di Benevento* (I^a ed. 1640), Sala Bolognese, Arnaldo Forni Editore, 2003.
[41]   Descrizione del luogo in cui si ipotizzava si trovasse il magico noce.

banchetti.

I *Sabbat* cadevano il 1 Maggio (Roodmas o Beltaine), all'inizio dell'estate; il 31 Ottobre (Allhallow o Samhain che poi si è trasformata in Halloween), la fine della fertilità dei campi, l'inizio dell'inverno; il 2 Febbraio (Candlemas o Imbolc), il risveglio della terra e il 1 Agosto (Lammas), l'inizio del raccolto. In seguito furono aggiunte il 21 Dicembre (Yule), solstizio d'inverno; il 21 Marzo (Ostara), equinozio di primavera; il 21 Giugno (Litha), solstizio d'estate e il 21 Settembre (Mabon), equinozio d'autunno[42].

Vi sono corrispondenze con alcune di queste date anche nella cultura pagana italiana come gli Ognissanti e la Candelora (entrambe divenute feste cattoliche).

Il *Sabba* era in connubio con le *tempora*, i tre giorni (Mercoledì, Venerdì e Sabato) dedicati alla preghiera e all'astinenza (Quaresima, Pentecoste e Avvento)[43].

Si riteneva che le streghe si recassero a questi raduni volando su scope, cavalcando animali o trasformandosi esse stesse in animali. L'accesa discussione sul *Sabba* e sul volo notturno vide la dimostrazione della sua tangibilità con i demonologi del XV sec.: se le streghe realmente si recavano in volo al *Sabba*, allora anche i raduni erano reali[44].

---

[42] Margaret A. Murray, *Le streghe nell'Europa Occidentale*, Roma, Tattilo Editrice, 1974, pp. 123-155.

[43] Andrea Romanazzi, *La stregoneria in Italia. Scongiuri, amuleti e riti della tradizione*, Roma, Venexia, 2007, pp. 99-100.

[44] Sergio Abbiati, Attilio Agnoletto, Maria Rosario Lazzati, *op. cit.*, p. 14.

Si cominciò ad immaginare organizzazioni di gruppi clandestini stereotipati, risultanti dal conflitto tra cultura folklorica e cultura dotta, all'interno della quale occorreva estrapolare gli elementi simbolici aventi radici popolari[45].

Il *Sabba*, però, non era solo una cerimonia propiziatoria, ma rappresentava un momento per sfogare i propri istinti e abbattere le barriere inibitorie (si pensa venisse indossata una maschera) dettate dal proprio ruolo sociale[46].

Generalmente, streghe e stregoni si radunavano di notte, in luoghi solitari, nei campi o sui monti; spesso vi giungevano volando, dopo essersi spalmato il corpo con unguenti, a cavallo di manici di scopa o trasformandosi in animali[47]. Le streghe erano convinte di essersi recate fisicamente al raduno; si trattava, però, di cerimonie "oniriche" dove esse si recavano con lo spirito, ribadendo la realtà di tali convegni.

Si è supposto che streghe e stregoni fossero affetti da isterismo o epilessia e si credeva avessero perso coscienza con allucinazioni dovute all'uso di sostanze psicotrope. L'egittologa inglese Murray, discepola di Frazer e studiosa di magia e culture "primitive", nel 1921 espresse la propria tesi riguardo alla realtà dei *Sabba*, sostenendo che la stregoneria era una religione antichissima, un culto precristiano di fertilità in cui gli inquisitori leggevano una perversione diabolica. Murray scrive inoltre che esistevano tre

---

45   Cesare Bermani, *op. cit.*, p. 14.
46   Cfr. Michela Zucca, *op. cit.*, p. 203.
47   Cfr. Carlo Ginzburg, *Storia notturna*, cit., pp. XIII-XXXVIII.

formule per gli unguenti usati per "volare": la prima soluzione, contenente aconito e cicuta, provocava confusione mentale, disturbi motori, irregolarità cardiaca, vertigini e respiro affannoso; il secondo unguento, a base di belladonna, portava eccitazione e delirio; il terzo, con aconito e belladonna, causava eccitazione e tachicardia[48].

Gli effetti della *pomata del Sabba* sul sistema nervoso erano sedativi, causavano paralisi muscolare e allucinazioni visive; tipica era la sensazione di assenza di peso, simile a quella del volo. Le sostanze erano unite a un elemento grasso (magari ricavato dai bambini, meglio se non battezzati, come sostenevano le accuse degli inquisitori) e si otteneva una pasta da spalmare perché le proprietà attive delle sostanze potessero essere assorbite per via cutanea; nel momento della catalessi, poi, l'anima usciva dal corpo[49].

Clark afferma: «l'irregolarità cardiaca in una persona che sta per addormentarsi crea la sensazione di una caduta improvvisa attraverso lo spazio ed è probabile che un composto a base di un prodotto che provoca il delirio, come la belladonna e di una droga che induce irregolarità cardiaca come l'aconito potrebbe dare la sensazione di volare»[50].

---

[48]   Cfr. Margaret A Murray, *op. cit.,* pp. 346-348.
[49]   Michela Zucca, *op. cit.*, pp. 197-200.
[50]   Cit. in Margaret A. Murray, *op. cit.*, pp. 346-348.

Capitolo 2

I culti della stregoneria

2.1 **L'adorazione della Dea**

Nel contesto mitologico della stregoneria, un ruolo fondamentale ha una divinità femminile avvolta dal mistero, chiamata con nomi diversi a seconda dei luoghi: Diana, Perchta, Holda, Unholda, Abundia, Erodiade[51].

Predominante, però, è il nome di Diana, dea lunare, protettrice delle donne alle quali prometteva parti non dolorosi. Dea legata al mondo pagano, dei parti e della fertilità, protettrice della vita prolifica della natura. Identificata con la luna per la ciclicità con cui si manifesta, incarna una delle orme della triplice Ecate, dea della magia adorata attraverso riti misterici. Ecate, rappresenta invece, gli spettri della terra apparendo di notte. La Diana italica si fuse con Ecate nel mondo cristiano del Medioevo, affiancata anche da Erodiade, figlia

---

[51]   Cfr. Carlo Ginzburg, *I benandanti. Stregoneria e culti agrari tra Cinquecento e Seicento*, Torino, Einaudi, 2002 (I^a ed. 1966).

di Erode (chiamata con il nome della madre anziché con il proprio, Salomè) che aveva chiesto al padre la testa di Giovanni Battista, istigata dalla madre[52].

Dal culto di Diana-Ecate si sviluppa nei primi secoli del Medioevo la cosiddetta "Società di Diana", nota alla Chiesa prima dell'istituzione dell'Inquisizione, con tracce negli enciclopedisti e negli scrittori ecclesiastici, collegabile ad influenze della cultura celtica. Le dee pagane erano considerate benefiche ma il carattere della "Società di Diana" diviene malefico nel XII sec. quando le streghe sono considerate criminali[53].

È nel *Canon Episcopi* che è contenuto il nucleo della credenza di questo culto, con istruzioni per i vescovi su come comportarsi e con tracce di scetticismo sulla realtà di tale avvenimento. In quest'opera sopravvivono anche superstizioni antiche che si confondono tra loro, considerate illusorie dalla Chiesa. I demonologi del XV sec. dimostrarono la presenza diabolica nell'antico rito (quando la figura della dea viene sostituita dalla figura di Satana) e la realtà del volo notturno: se le streghe si fossero realmente recate in volo ai raduni, anche il *Sabba*, il patto con il diavolo e i malefici sarebbero divenuti tangibili. Per questi motivi il *Canon Episcopi* è usato dai difensori delle streghe come dimostrazione delle confessioni illusorie, e dagli inquisitori, in quanto non contraddice la loro interpretazione della stregoneria[54].

---

[52]   Cfr. Sergio Abbiati, Attilo Agnolotto, Maria Rosario Lazzati, *op. cit.,* p. 22.
[53]   Cfr. Oscar Di Simplicio, *op. cit.,* p. 308.
[54]   Cfr. Sergio Abbiati, Attilo Agnolotto, Maria Rosario Lazzati, *op. cit.,* pp. 21-

Festività principali del culto di Diana, secondo il calendario agricolo, sono la vigilia del 1 Maggio e quella del 1 Novembre. I riti svolti erano legati inizialmente alla fertilità di bestiami e all'abbondanza dei raccolti, le cerimonie probabilmente si sono trasformate, poi in baccanali, con danze e banchetti.

Altra dea legata alla stregoneria è la dea Cibele: a Creta fino al XV sec. a.c. era venerata come protettrice dei boschi e delle montagne, dea anatomica della fecondità, grande madre degli dèi e degli uomini, sovrana della natura incontaminata, il cui principale luogo di culto fu Pessinunte in Frigia.

Il suo culto passò in Grecia dove fu assimilata a Rea, che nel bacino dell'Egeo rappresenta nel V sec. la Madre Terra e a Roma nel 204 a. C. le fu eretto un tempio sul Palatino; le cerimonie a lei dedicate comprendevano l'esaltazione orgiastica e l'evirazione dei sacerdoti della dea.

Figura centrale del mondo magico è anche la dea egizia Iside, dea della maternità e della fertilità connessa ai culti misterici e rituali esoterici. Sorella e sposa di Osiride, madre di Horo (concepito dal cadavere ricomposto del marito), Iside ha una connotazione magica oltre che terrestre e perciò è dispensatrice di miracoli, diretti maggiormente a donne e bambini. Viene spesso rappresentata con il figlio (come le statuette votive di Capua), elemento accostato da molti alla Vergine Maria con il bambino dei culti mariani[55].

24.

[55] James Gorge Frazer, *Il ramo d'oro. Studio sulla magia e sulla religione*, Roma, Newton Compton, 2006 (Iª ed. 1950), pp. 436-437.

Il corrispondente greco di Diana era Artemide, figlia di Zeus e Latona, forma femminile del fratello Apollo. Divinità della caccia, che percorreva boschi seguita da ninfe cacciatrici e preceduta da cani latranti. Dea della castità, proteggeva le fanciulle e, in opposizione al fratello dio solare, veniva identificata con la luna.

In relazione all'importanza che la luna aveva sulla fecondità delle donne e della terra, Artemide era creduta presiedere alla procreazione ed era considerata la dea della maternità.

In Asia Minore, ad Efeso (dove fu fondato in suo onore un santuario costituito da Amazzoni), era ritenuta la madre universale, simbolo della fecondità della natura. Il culto di Artemide era anticamente sanguinario e le si offrivano sacrifici umani nell'Attica e a Sparta dove si flagellavano a sangue alcuni fanciulli per l'annuale festa in onore della dea[56].

Secondo Leland, Diana ha una figlia messianica, Aradia, avuta con il fratello (qui avviene una fusione tra paganesimo e cristianesimo dove la dea pagana Diana diventa la sorella di Lucifero, l'angelo caduto, associato in quanto simbolo di luce al dio del Sole, Apollo) e venuta sulla Terra per insegnare ai poveri e agli oppressi la stregoneria come mezzo di resistenza sociale:

E tu sarai la più nota delle streghe; e tu sarai la prima di tutte nel mondo; e tu sarai maestra nell'arte di avvelenare,

---

[56]   Cfr. Giulio Carli Escobedo, *Enciclopedia della mitologia*, Milano, De Vecchi, 1964.

di avvelenare i più grandi signori; sì, tu li farai morire nei loro palazzi; e tu avrai il potere di legare l'animale dell'oppressore[57].

Il testo di Leland si basava su un presunto manoscritto ricevuto da una donna toscana di nome Maddalena, che in realtà si chiamerebbe Margherita Taleni (o Zaleni) e che si dice abbia iniziato Leland alla stregheria; si presenta come un vangelo con un rovesciamento simbolico sessuale (la divinità messianica e il dio sono donne) e una differenza della salvezza (uccisione dei potenti e dei malvagi)[58].

Aradia insegna poi ai suoi discepoli un rituale da svolgersi nelle notti di luna piena per adorare lo spirito di Diana e continuare ad apprendere la pratica della stregoneria.

Carlo Ginzburg fa derivare il nome "Aradia" dall'unione dei nomi Hera e Diana, sopravvissuta all'avvento del cristianesimo e unita ad una figura composita che assume il nome Herodiana o Heradiana[59].

Figura enigmatica legata al culto della stregoneria è Lilith, il demone notturno frutto della tradizione mitica mesopotamica (il demone Lilitu mandato dalla dea Ishtar a sedurre uomini e donne, cibandosi del loro sangue), e presente nel riferimento biblico in Isaia, (il quale descrivendo la fine del regno di Edom e il ripristino del caos primordiale, fa riferimento al demone femminile per indicare un allocco o un barbagianni). Secondo la tradizione cabalistica, nel Talmud Lilith è indicata come la prima donna, creata nello stesso modo di Adamo e cacciata da questi dal Paradiso, perché pretendeva

---

57   Charles G. Leland, *op. cit.* p. 26.
58   Cfr. *Ivi* p. 7.
59   Cfr. Carlo Ginzburg, *Storia notturna*, cit., p. XIX.

parità con il marito; fu esiliata nel deserto, luogo in cui generava demoni (i *jinn* della tradizione araba), e per punizione divina ogni giorno uno dei suoi figli sarebbe morto.

Questo scatenò in lei un forte odio per i figli di Eva (che permetteva ad Adamo di sottomerla, essendo stata creata da una costola del consorte), tanto da uccidere i neonati soffiandogli il respiro[60].

Lilith fu accostata a molteplici figure come le Lamie e le Striges, tutte accomunate dal vampirismo; spesso, infatti, la strega e il vampiro sono sovrapposti, considerati entrambi animali volanti notturni e per la loro comune attitudine del succhiare sangue a infanti. Nella tradizione slava esistono le *strigoi*, non-morti che incutono terrore, dalle medesime caratteristiche, distinte però in Romania tra *strigoi mort* (vampiri) e *strigoi vii* (streghe e stregoni). Si dice nascano avvolte dalla membrana amniotica che permette loro, una volta divenute adulte, di rendersi invisibili (elemento comune ai benandanti), di tramutarsi in animali e di gettare il malocchio[61].

Oggi la figura di Lilith, per i valori che incarna è divenuta icona del movimento femminista, soprattutto nei paesi anglosassoni[62].

Anche l'antropologo Frazer nell'esposizione della sua teoria sulla magia, include la figura di Diana. È descritta, infatti, la vicenda del *rex nemorensis*, sacerdote di Diana nel tempio di Aricia; quando il re mago inizia a decadere fisicamente, la successione è determinata dalla sua uccisione da parte di uno sfidante, tramite un duello, dopo

---

60   Cfr. Massimo Centini, *op. cit.*, pp. 11-16.
61   Cfr. Cesare Bermani, *op. cit.*, p. 320.
62   Cfr. Valeria Palumbo, *Le figlie di Lilith*, Roma, Odradek, 2008, pp. 35-37.

aver spezzato il ramo del boschetto di Diana. La fronda era il Ramo d'Oro che, per ordine della Sibilla, Enea colse prima di affrontare il viaggio nel mondo dei morti. Il re ha un importante ruolo sociale per la comunità e per difendere l'integrità viene stabilito un sistema di tabù per proteggerlo fisicamente, mentre lo spirito viene trasferito simbolicamente in un'anima esterna (il Ramo d'Oro)[63].

Negli ultimi anni si sta, però, sviluppando una realtà parallela, nata nel 1954 con Gerald Gardner: la Wicca (dall'inglese antico *stregone, strega*). È un credo appartenente al movimento neo-pagano, che fa capo al culto della Dea Madre, influenzato dai testi di Murray e di Leland. Non esiste ortodossia, è molto forte il legame con la dea, identificata con la luna (e quindi a Diana), i rituali richiamano elementi appartenenti al mondo della natura e le festività coincidono con i *Sabba* e gli *Esbat*[64].

«La Wicca è una religione e, prima ancora di questo, un modo di vedere il mondo e di viverlo» questa è la definizione del presidente del Pagan Pride Italia, Vanth Spiritwalker, da me intervistato. È un wiccan da una quindicina di anni e afferma di avere come proseliti una quindicina di attivisti iscritti sul territorio italiano (arrivando ad un maggior numero nel resto d'Europa e in America Settentrionale) e una certa quantità di simpatizzanti «Il Neo-paganesimo – continua – è sicuramente una forma di paganesimo ed è ben presente sul territorio, diverso diventa il discorso se si cerca una continuità

---

[63]   James Gorge Frazer, *Il ramo d'oro*, cit., pp. 22-24.
[64]   Cfr. Geral Gardner, *La stregoneria oggi*, Roma, Venexia, 2007.

ininterrotta con le religioni antiche»[65]. Osserviamo quindi l'insediamento di una nuova forma di adorazione della Dea, dove forte è il segnale di voler ritornare alle origini, un rinnovato tentativo di rapportarsi al mondo naturale.

2.2 Streghe e Benandanti: lotta simbolica in una società rurale

Lo storico italiano Carlo Ginzburg, ha dimostrato l'esistenza nel Friuli di un culto popolare agrario legato alla fertilità, nel quale i benandanti erano i difensori dei raccolti e della fertilità dei campi.

Tra il 1500 e il 1600 i benandanti si tramutarono in stregoni; nei convegni notturni per procurare fertilità (i *Sabba*) streghe e stregoni armati di canne di sorgo combattevano contro i benandanti che invece usavano rami di finocchio.

Nella lotta, il sorgo, identificato con la scopa di saggina usata dalle streghe, era contrapposto al finocchio, che aveva virtù terapeutiche.

Il rito propiziatorio diventava un vero e proprio combattimento che segnava l'esito dei raccolti e della fertilità dei campi.

Chi sono questi benandanti?

Da un lato, essi affermano di contrapporsi a streghe e stregoni, di ostacolare i disegni malefici, di curare le vittime delle loro fatture; dall'altro non diversamente dai presunti avversari, asseriscono di

---

[65] Intervista realizzata il 28/06/2006; il wiccan ha 49 anni, risiede a Roma ed è presidente del Pagan Pride Italia da circa quindici anni. È battezzato ma ha affermato di non sentirsi cattolico, tanto da cercare un nuovo credo.

recarsi a misteriosi raduni notturni, di cui non possono far parola sotto pena di essere bastonati, cavalcando lepri, gatti e altri animali[66].

I benandanti si presentano come difensori della fede di Cristo e sono prescelti dalla nascita: bisogna essere nati con la camicia, cioè avvolti nella membrana amniotica. Questa "camicia" è considerata, in alcune tradizioni popolari europee e non, sede dell'anima esterna (oltre alla placenta ci sono anche altri elementi come l'ombra); è quindi legata al mondo dei morti, delle anime vaganti (in Danimarca, per esempio i nati con la camicia riescono a vedere i fantasmi)[67].
Il contadino nato con questo elemento apprendeva dalla famiglia e da tutta la comunità di essere nato sotto un "pianeta" speciale.

Interogatus: come si fa per entrare in questa compagnia de benandanti?
Respondit: Tutti quelli che sonno nati vestiti sonno de essa, et quando vengono alli venti anni chiamati apunto a guisa del tamburo che chiama li soldati, et noi bisogna andare[68].

Divenuto uomo, «di un giovedì notte delle quattro tempora», i giorni di digiuno secondo il calendario ecclesiastico (elemento che fonde una ritualità agricola con componenti religiose), e quindi durante

66   Carlo Ginzburg, *I benandanti*, cit., p. 8.
67   Cfr. Alfonso M. di Nola, *La nera signora. Antropologia della morte e del lutto*, Roma, Newton Compton, 2003 (Iª ed. 1995).
68   Carlo Ginzburg, *I benandanti*, cit., p. 217.

festività che simboleggiano le crisi stagionali, il benandante sarebbe stato iniziato al suo ruolo entrando in uno stato di letargo, di catalessi, e in questa *trance* si ritrovava in un universo popolato di figure e di eventi destinati a ripetersi per anni, in cui erano ritrovate le paure collettive: la carestia, la speranza di un buon raccolto, la morte.

Il Cristianesimo ha creato poco nel campo del meraviglioso e quel poco non per esigenza interna ma per far fronte alla pressione di un meraviglioso preesistente, su cui era necessario pronunciarsi e prendere posizione: «la preoccupazione da parte della Chiesa di trasformare – fino a dargli un significato talmente nuovo che il fenomeno che è davanti a noi non è più lo stesso -, o di occultare e magari persino distruggere quel che per essa rappresentava uno degli elementi forse più pericolosi della cultura tradizionale, da essa globalmente qualificata come pagana: il meraviglioso, che esercitava sugli spiriti una evidente seduzione che costituisce una delle sue funzioni nella cultura e nella società»[69].

A proposito della questione "magica" De Martino afferma: «Se e in che misura i poteri magici sono reali è quistione che non può essere decisa indipendentemente dal *senso* della realtà che qui fa da predicato del giudizio. Ma questo *senso* può essere appreso solo per entro la individuazione del dramma storico del mondo magico»[70].

---

[69] Augusto Ferraiuolo, *I racconti meravigliosi. Storie popolari campane di streghe, folletti, fantasmi e lupi mannari*, Napoli, ESI, 1995, pp. 96-97. Citazione di Jacques Le Goff.
[70] Ernesto de Martino, *Il mondo magico. Prolegomeni a una storia del magismo*, Torino, Bollati Boringhieri, 2003 (Iª ed. 1948), cit. p. 69.

Ginzburg scoprì che le orge del *Sabba* erano in realtà la deformazione di riti antichi di fertilità.

Dopoi che so maritata non mi ho mai acorta di cosa alcuna di mio marito di quello che mi domandate dell'andar fuori con il spirito et di essere benandante, se non che una notte, circa le quattro hore avanti giorno mi occorse levar su, et perché io haveva paura chiamai Paulo mio marito acciò levasse meco, et quantunque lo chiamassi forse dieci volte et lo scotessi, non poti mai far che si risvegliassi, et stava con il viso in su, onde io mi partì senza che lui levassi, et ritornata viddi che era suvegliato dicens: «Questi benandanti dicono che il spirito loro quando esce fuora dal corpo pare un sorzetto, et così quando ritorna, et che se mentre il corpo è privo di esso spirito fosse voltato, restarebbe morto, ché esso spirito non li potrebbe ritornare»[71].

Ma le affermazioni sul distacco dell'anima dal corpo sono condannate e le confessioni di streghe e benandanti sono contrapposte in *Sabba* reali e *Sabba* fantastici, sognati.

La cerimonia per l'abbondanza dei raccolti consisteva, invece, in uno scontro simbolico; un secolo dopo i benandanti diventano coloro che "levano fatture e malie", così che nel 1600 la Chiesa vede nei benandanti degli stregoni capaci di fare del male.

I benandanti furono processati, due di loro che continuarono a

---

[71]   Carlo Ginzburg, *I benandanti*, cit., p. 225.

dichiararsi combattenti delle streghe, scontarono sei mesi di carcere e furono costretti all'abiura in quanto eretici[72].

La posizione dei benandanti andò aggravandosi; il culto popolare cominciò a modificarsi sotto le pressioni degli inquisitori, assumendo i connotati della stregoneria tradizionale.

È proprio nel confronto tra la visione degli inquisitori avute negli interrogatori e quella degli interrogati che fuoriescono le vere credenze popolari, poi deformate e schiacciate dall'interpretazione colta.

Dal 1600, negli interrogatori, passò in secondo piano il culto della fertilità, e interesse primario nello scontro con le streghe fu il ruolo dei benandanti che furono catalogati come adepti di Satana; rapidamente un rito folklorico fu trasformato in pratica demoniaca[73].

---

[72]   Cfr. Massimo Centini, *op. cit.*, p. 95.
[73]   Cfr. Carlo Ginzburg, *I benandanti, cit.,* pp. VII-XV.

Capitolo 3

Streghe in Terra di Lavoro

3.1 Sulle tracce della janara

In Terra di Lavoro il mondo magico, la superstizione, i racconti mitici, i gesti rituali sono parti integranti delle abitudini sociali.

«La precarietà dei beni elementari della vita, l'incertezza delle prospettive concernenti il futuro, la pressione esercitata sugli individui da parte di forze naturali e sociali non controllabili, la carenza di forme di assistenza sociale, l'asprezza della fatica nel quadro di una economia agricola arretrata, l'angustia memoria di comportamenti razionali efficaci con cui fronteggiare realisticamente i momenti critici dell'esistenza costituiscono altrettante condizioni che favoriscono il mantenersi delle pratiche magiche»[74].

Nel bisogno di ricorrere a motivazioni soprannaturali per spiegare le disgrazie che accadono ecco che, se il bambino deperisce, nelle campagne si crede che a succhiargli il sangue siano le streghe. Ogni regione ha i propri metodi per tenere lontane le streghe, per

---

[74]   Ernesto De Martino, *Sud e Magia,* cit., p. 89.

proteggere, in tal modo, le proprie abitazioni e i propri figli. In Basilicata, per esempio, un membro della famiglia deve tenere le gambe incrociate oppure mettere dietro la porta una scopa con un po' di immondizia o una rete da pesca così che la *masciara* (megera) vi resti impigliata (con il termine masciara, per la precisione *gatte masciare*, vengono chiamate anche le streghe in Puglia che hanno il potere di trasformarsi in gatti così da salire arrampicarsi sulle terrazze e curiosare)[75].

In Sardegna esiste una figura, a metà tra la fata e la strega, vive in case scavate nella roccia con le unghie (*domus de jana*); in Abruzzo, invece, (ma anche in Campania) la strega può essere identificata la notte di Natale: due uomini vestiti da mietitori con una falce in mano si posizionano sull'uscio della chiesa, la donna che non riesce ad uscire è la strega[76].

Vediamo, quindi, che la strega è presente in ogni regione con nomi e caratteristiche differenti, ma incarna le stesse paure ed abitudini.

In Campania, nella zona tra Caserta, Benevento ed Avellino vi sono numerose figure magiche conosciute, come il mago di Pietraroja, che compie profezie ed oroscopi[77].

Nella zona beneventana c'è la *Zucculara*, donna che calza zoccoli rumorosi e probabilmente collegata ad Ecate, che si dice indossasse

---

75   Cfr. Luigi M. Lombardi Satriani (a cura di), *Santi, streghe e diavoli. Il patrimonio delle tradizioni popolari nella Società meridionale e in Sardegna*, Firenze, Sansoni, 1971.
76   Cfr. Luigi M. Lombardi Satriani (a cura di), *op. cit.*, pp. 101-102.
77   Cfr. Abele De Blasio, *Inciarmatori, maghi e streghe di Benevento*, Sala Bolognese, Arnaldo Forni Editore, 2007 (Iª ed. 1900).

un solo sandalo dalla suola di bronzo risonante; la *Manalonga*, legata all'acqua stagnante, vive nei pozzi e tira nel fondo i passanti.

Sicuramente, però, la più diffusa e conosciuta è la *Janara*, termine che «nel nostro dialetto incarna la donna rabbiosa per eccellenza, colei che urla e aggredisce anche senza provocazione e motivo, rissosa e sgraziata, rappresentante di quanto più abbietto è femminilmente concepibile, al punto da aver chiamato "ogna de janara" (unghia di janara) una erbaccia muraria sempreverde adunca»[78]. La parola *janara* sembrerebbe derivare dall'antica *Mater Jana* (Diana), ma è riconducibile anche al dio romano Giano; questa divinità è il corrispondente maschile di Diana, simboleggia l'inizio e la fine di ogni cosa e presiede le entrate e le uscite. Fu chiamato, infatti, Patellius e Clusius (dal latino aprire e chiudere) e gli furono consacrati i passaggi e le porte, dette *Ianua* dal suo nome[79].

Si ritiene che le *janare* nascano la notte di Natale (in alternativa, al maschile si nasce lupo mannaro) e che la loro trasformazione magica avvenga col mutamento o rovesciamento della pelle; basta ferirle, però, anche solo con uno spillo per scoprire le loro vere sembianze[80]. Durante il giorno sono donne normali mentre di notte assalgono bambini, fanno malefici verso uomini e bestie e causano aborti; sarebbero anche in grado di volare e di trasformarsi in animali[81].

---

[78]   Cfr. Renato de Falco, *Alfabeto Napoletano vol. 1*, Napoli, Colonnese, 1999 (I\a ed. 1985).
[79]   Cfr. Giulio Carli Escobedo, *op. cit.*
[80]   Giovanni Battista Bronzini, *Il lupo mannaro e le streghe di Petronio*, in *Lares. Rivista trimestrale di studi Demo-etno-antropologici*, anno LIV, Firenze, Leo S. Olschki Editore, 1988, pp. 147-181.

La *janara* si dice abbia la consistenza del vento e che questo le permetta di passare sotto le porte o attraverso le serrature; di notte (usando l'espressione popolare) «*ti premono sulla pancia*», vale a dire che schiacciano l'addome del malcapitato mentre gli fermano le braccia così da bloccargli il fiato, dando la sensazione opprimente di soffocare.

Ad Ariano Irpino i bambini raccontano che se si riesce a prenderla per i capelli (suo punto debole) si ricevono dei soldi maledetti che non dovranno mai essere spesi; solo in tal caso si ottiene la salvezza.

A Benevento, ancora oggi, se in un discorso si nomina la janara, si dice «*Oggi è Sabato*», scongiuro per evitare di ricevere una sua visita.

In molti racconti popolari la *janara* è una figura ambivalente, buona, in quanto donna conoscitrice di erbe e guaritrice, ma cattiva al tempo stesso, poiché si diverte a fare dispetti e se provocata è capace di fare del male, specialmente ai bambini.

Sovente i contadini hanno trovato nella stalla cavalli sudati, come se avessero cavalcato tutta la notte, e con i crini intrecciati[82].

A Galluccio bastava dire «*Sabbato viè pe'sale*» (sabato vieni per il sale) e la persona, se si fosse presentata il sabato successivo per chiedere del sale, avrebbe confermato di essere una strega[83].

La *janara* riceveva da un'altra megera al settimo o quattordicesimo

---

[81]   Cfr. Ugo Vuoso, *op. cit.,* pp. 198-200.
[82]   Cfr. Lina Maiello, *Mignano Monte Lungo. Storia, tradizioni e immagini,* Napoli, Ci.esse.ti, 1984.
[83]   Cfr. Saturnino Miele, *La croce e il Gallo. Storia, tradizioni e immagini di Galluccio,* Napoli, Ci.esse.ti., 1984.

anno di età le conoscenze necessarie, come "legare" e "sciogliere"; si dice che desse al bambino l'*adduobbio*, una specie di polvere bianca che gli impediva di lamentarsi[84].

Vi sono vari metodi per difendersi dalle *janare* (oggi praticati ancora da qualcuno), come, per esempio, mettere dietro la porta una scopa, un sacchetto con granelli di sale o di sabbia, un pettine così che la strega perda tempo a contarne i fili, i grani o i denti.

Il rituale apotropaico "della conta" consiste nel far perdere tempo alla strega in modo da far trascorrere la notte, costringendola ad andare via prima che sia mattina. Inoltre esiste la credenza che la strega sa contare solo fino a nove, per cui deve continuamente ricominciare a contare dall'inizio[85].

«*Sott' all' acqua, sott' a 'rvient, sott' a la noc' d' Benvient*» (sotto l'acqua e sotto il vento, sotto il noce di Benevento) questa è il detto conosciuto ovunque che indica il luogo magico dove si ritrovavano le janare, (si dice che l'albero fosse sempreverde e che, tagliato più volte, ricompariva misteriosamente).

Nei pressi del fiume Sabato, esisteva il Ponte Janara (distrutto durante la Seconda Guerra Mondiale), usato dalle streghe per spiccare il volo (cosa che poteva avvenire anche dalla finestra con la granata, scopa di saggina essiccata, spalmandosi sotto le braccia un unguento del quale De Blasio fornisce la ricetta).

---

[84]   Cfr. Abele De Blasio, *op. cit.*, pp. 176-177.
[85]   Andrea Romanazzi, *op. cit.*, pp. 160-164.

3.2 L'agire della strega: fascinazione, malocchio e fattura

La stregoneria si identifica con il male e la strega è una donna che ha il potere soprannaturale di commettere azioni precise, i *malefici*[86].

Fascinazione, fattura, malocchio, sono tutte azioni riconducibili ai poteri delle streghe, quando la formula recitata comporta una conseguenza negativa. Lo scongiuro popolare con formule si basa sull'energia che si sviluppa quando esso viene pronunciato; si tratta quasi sempre di formule magiche trasmesse oralmente di generazione in generazione[87].

Il termine *fascinazione* deriverebbe da un amuleto romano, il *fascinum*, ricordo di antichi culti pagani di fertilità. Come dice De Martino, il beneventano Leonardo Vairo, vescovo di Pozzuoli, nella sua opera *De Fascino* (1589) considera il fascino «una qualità perniciosa indotta per arte di demoni in virtù di un patto tacito ed espresso con i demoni»[88].

In Italia, il *malocchio* è l'azione malefica prodotta da un presupposto fluido emanato dall'occhio di particolari persone e che si attacca a persone, animali o cose a livello inconscio; a differenza della *fattura*, può essere involontario[89].

L'occhio della strega è dotato di strumento di maleficio: affascina, lega.

---

[86]   Oscar Di Simplicio, *op. cit.*, p. 130.
[87]   Andrea Romanazzi, *op. cit.*, p. 34.
[88]   Ernesto De Martino, *Sud e magia*, cit. p. 132.
[89]   Cesare Bermani, *op. cit.*, p. 126.

Nella Napoli del '700 illuministico è la *jettatura* che introduce l'azione, deriva dal latino *jactare*, gettare sguardo malevolo su qualcuno e il flusso con cui si colpisce proviene dagli occhi.

Tra i vari tipi di fatture vi è quella che usa feticci aventi le sembianze dell'*affatturato* oppure con frammenti del suo corpo.

Nel napoletano la malia era effettuata con il "frutto dell'amore": nella cera venivano intinti un limone, un'arancia, una patata o altri vegetali, avvolti da uno spaghetto unto di grasso di gallina nera. Si faceva un buco nel frutto mettendoci una ciocca di capelli tagliati da coloro da affatturare, poi veniva gettato in un pozzo così che nessuno potesse sciogliere la malia[90].

De Blasio, nel suo trattato, ha realizzato un'analisi lombrosiana su streghe, inciarmatori, occhiarole e maghi catalogando onesti e disonesti. Ne specifica l'indice cefalico, constatando che nei "delinquenti" del Sannio prevale la brachicefalia; precisa che gli occhi, nelle streghe erano più sporgenti, e che le janare avevano il braccio sinistro più lungo. Caratterizza, infine, le differenze dei singoli ruoli: gli *inciarmatori* e le streghe erano maestri del guarire con i loro esorcismi, mentre le *occhiarole* liberavano dal malocchio. Per le *legature* e le *sciogliture* bisognava consegnare al mago o alla strega qualche oggetto appartenente all'individuo che doveva essere stregato o liberato[91].

Uno dei metodi più usati per scoprire se si è stati colpiti dal

---

[90] Cfr. Andrea Romanazzi, *op. cit.* p. 54.
[91] Cfr. Abele De Blasio, *op. cit.* pp. 137-202.

malocchio (l'*occhiatura*, tutt'oggi ancora diffusa nel Meridione), consiste nel riempire un piatto fondo di acqua; dopo aver recitato preghiere segrete, si intinge un dito nell'olio d'oliva, lasciandone cadere una goccia nel piatto. Se l'olio si espande, c'è il malocchio, se invece la goccia rimane ristretta non si è stati colpiti da alcuna malia[92]. La reazione popolare a questi eventi è una combinazione di scetticismo e credulità, di paura reale e di enfasi scherzosa.

La coesistenza tra civiltà moderna, religione cristiana e magia è sicuramente una questione molto interessante; De Martino a tal proposito separa la sfera delle "cose di dio" che coincide con la fede cattolica, riadattata al livello culturale del luogo, e il mondo delle "cose fatte", delle quali non vi sono responsabili divini, ma persone che operano nel mondo soprannaturale. «All'ordine delle "cose fatte" appartengono le fatture perpetrate dalle *fattucchiere* e dagli stregoni ai danni delle persone: e come fatture sono tendenzialmente considerate quelle alterazioni somatiche e quei disturbi psicosomatici o prevalentemente psichici che presentano un carattere oscuro e che né il medico né il parroco né nessun'altra autorità ufficiale si mostrano preparati a trattare. Dall'altra parte non vi è soltanto la credenza che vi siano questi operatori magici indirizzati al male, ma effettivamente determinate persone credono di poter operare in questo senso: e quando si vuol danneggiare qualcuno si ricorre all'opera delle fattucchiere »[93].

---

[92]   Lina Maiello, *op. cit.,* pp. 109-110.
[93]   Ernesto De Martino, *Ricerca sui guaritori e la loro clientela,* cit. p. 261.

Oggi le misteriose figure degli *scacc'maluocchio'* sono sempre più rare; ho incontrato, nella mia ricerca sul campo, uno di questi personaggi, ricoperto di elementi scaramantici (tra cui anche una piccola janara infilata sul cappello) che benediva i luoghi con l'incensiere.

Lo scongiuro apotropaico da lui recitato è il seguente:

Sciò sciò ciucciuè

Aglio fravaglio fattura che nun quaglia

Cape' 'e alice e cape d'aglio

Sciò sciò ciucciuè

Palle, meze palle, chiuove

Cape e'razze e cape'e pazze

Alluntanat' tutt'e disgrazie

Sciò sciò ciucciuè

Maluocchio sciò

Quanta vote m'avite ditto

Guagliò tiene o' scartiello

chi nasce ricco e more puveriello

Nun ce stà 'o signore nobbelli ca tene

comme se dice 'o sang' blù 'int' 'e vvene

a vvote dint'a capa 'e na perzona

ce truove 'o ssale e a vvote 'a segatura

e spisso truove pure n'animale

ca tene 'ccorne – comm'è naturale

Guagliò tien' 'o scartiello

45

che colpa ten' 'o scartellato

po' fatto ca ten' 'o scartiello?

Nun se po' mazzià

chi è già mazziat pe' natura...

Uocchio maluocchio

funecelle all'uocchio

aglio fravaglio fattura ca nun quaglia

corne e bicorne,

cape 'e alice e cape d'aglio

diavulillo diavulillo

jesce a dint'o pertusillo[94].

Nelle campagne del Sud, la sopravvivenza dell'antica fascinazione stregonesca (fattura, fascinazione, possessione) è da ricondurre alla insicurezza della vita quotidiana, alla enorme potenza del negativo. Il momento magico soddisfa il bisogno di reintegrazione psicologica mediante tecniche che fermano la crisi in definiti orizzonti mitico-rituali. Si articola in raccordi e formazioni intermedie che concernono il cattolicesimo popolare e le sue particolari accentuazioni magiche meridionali, sino al centro dello stesso culto cattolico[95].

---

[94] Intervista realizzata il 29/04/2008, ad Aversa, durante uno dei suoi giri di benedizione. L'uomo ha circa 65 anni, parla solo in dialetto napoletano e si è dimostrato molto disponibile, lasciandosi anche riprendere con la videocamera mentre spargeva l'incenso.
[95] Ernesto De Martino, *Sud e magia*, cit. p. 181.

3.3 Stregoneria popolare. Tra superstizione e credenza

Nell'indagine che ho effettuato, nei dati raccolti, la figura della strega popolare è presente perlopiù in reminiscenze di racconti di anziani, impresse nella memoria, o storie raccontate da bambini più grandi per spaventare i più piccoli. Eppure la gestualità scaramantica, la ritualità di alcuni modi di dire, il «non ci credo ma lo faccio lo stesso, non si mai…», tutto questo è ancora molto diffuso.

Il problema è che le persone sono sempre più restie a parlare di questi argomenti, si sentono ridicole nel parlare di magie, streghe, fatture e malocchi al giorno d'oggi; hanno paura di essere additati come "pazzi".

Esiste anche un'altro fenomeno, oggi, che è quello delle truffe di "maghi ciarlatani" e "false cartomanti o veggenti"; questo, probabilmente, perché le persone sono disperate e tentano tutto il possibile per risolvere i propri problemi, anche indebitarsi per acquistare amuleti portafortuna o per liberarsi da fatture.

«La superstizione è l'insieme delle credenze o pratiche rituali fondate su presupposti magici, l'abitudine di attribuire a qualcosa di superiore la causa di eventi terreni»[96].

Tra le interviste che ho raccolto, una donna di Lioni in Irpinia, avvocata di professione, afferma:

«Per timore del ridicolo, io stessa, seppur affascinata dall'argomento, evito di parlarne se non in contesti particolari»[97]. Continuando

---

[96]   Antonio Emanuele Piedimonte, *op. cit.*, p. 194.

l'intervista, il ricordo più forte che emerge è un racconto che udiva spesso, di persone che si erano addormentate sotto un albero di noce e non si erano più svegliate (infatti le foglie e i malli del noce contengono un alcaloide, una sostanza tossica che si chiama *juglandina*)[98].

Nell'ambito delle credenze popolari oggi vi sono numerose persone di diverse età ed estrazione sociale che sono convinte di avere il malocchio o di essere state colpite da una o più fatture. Infatti, in un'intervista che ho raccolto, una donna che chiamerò M. afferma di avere il malocchio e quattro-cinque fatture, di cui una a morte.

«Tutto è cominciato quando mi sentivo sempre male, mal di testa, mal di schiena, formicolio alle mani e ai piedi e mi svegliavo sempre stanca». M. racconta di essersi recata dal medico, ma che non le fu riscontrato alcun malessere fisico, però lei continuava a star male.

«Tutti *se' penzavan* che ero pazza e allora non ne parlai più a nessuno finché decisi di andare da un prete esorcista».

M. dopo un po' d'indecisione prosegue e mi spiega che da questo prete vedeva gente strana, portata da altri come «*'se lega 'o caprett'*» cioè portati per mani e piedi. Per molto tempo questo signore si era rifiutato di "visitarla". «Io però ci andavo tutti i giorni perché volevo capire che tenevo, quando un giorno, mentre stavo aspettando fuori la porta lui arriva e mi afferra e mi dice che sto troppo male e che tengo varie fatture di cui una a morte».

---

[97] Intervista realizzata il 23/10/2008, la donna ha 47 anni, proviene da Lioni in Irpinia ed è avvocata a Napoli.
[98] Antonio Emanuele Piedimonte, *op. cit.*, p. 41.

Il prete le spiega quali preghiere fare e la donna pian piano comincia a sentire la presenza della Madonna ovunque e smette di andare da quell'uomo, visto che «Là ci andavano persone che stavano peggio, che le anime erano entrate dentro di loro e non erano più coscienti».

Dopo un po' di tempo però M. perde il marito e il lavoro, continua a stare male, così decide di andare da un altro prete esorcista. Quando le chiedo di spiegarmi che cosa sono il malocchio e la fattura lei risponde: «È quando qualcuno è invidioso, ti vuole male e allora ti fa del male e tu non puoi fare più niente, puoi solo pregare, e vi assicuro non è uno scherzo, non *song'* pazza, io ci credo veramente, *sti' ccose* esistono».

Assisto poi alla benedizione fatta dal prete ad M. che consiste nella preghiera di Leone XIII prima in latino e poi in italiano. Il prete mentre recita la preghiera tiene premute le mani sul capo della donna, che si lamenta e muove leggermente il corpo, soprattutto in alcuni punti della benedizione come:

« Exsúrgat Deus, et dissipéntur inimici eius, et fúgiant qui odérunt eum, a fácie eius. Sícut déficit fumus, defíciant: sícut fluit cera a fácie ignis, sic péreant peccatóres a fácie Dei […] »

« Sorga il Signore e siano dispersi i suoi nemici; fuggano dal cospetto di Lui coloro che lo odiano. Svaniscano come svanisce il fumo: come si fonde la cera al fuoco, così periscano i peccatori dinanzi alla faccia di Dio […] »

« Exorcizámus te, omnis immúnde spíritus, omnis satánica potéstas, omnis incúrsio infernális adversárii, omnis légio, omnis congregátio et secta diabólica, in nómine et virtúte Dómini nostri Iesu Christi, eradicáre et effugáre a Dei Ecclésia, ab animábus ad imáginem Dei cónditis ac pretióso divini Agni sánguine redémptis. Non ultra áudeas, serpens callidíssime, decípere humánum genus, Dei Ecclésiam pérsequi, ac Dei eléctos excútere et cribráre sicut triticum [...] »

« Ti esorcizziamo, spirito immondo, potenza satanica, invasione del nemico infernale, con tutte le tue legioni, riunioni e sétte diaboliche, in nome e potere di nostro Signore Gesù Cristo: sii sradicato dalla Chiesa di Dio, allontanati dalle anime riscattate dal prezioso Sangue del divino Agnello. D'ora innanzi non ardire, perfido serpente, d'ingannare il genere umano, di perseguitare la Chiesa di Dio, e di scuotere e crivellare, come frumento, gli eletti di Dio [...] »

Quando tutto è finito le chiedo cosa ha provato: «Ho sentito dolore, senti tutto il male che *jesce'*, ma non è facile, ora però non *tengo* più mal di testa».

Il prete mi spiega che molte persone, tra cui molti giovani, si recano da lui perché hanno il malocchio o fatture ed è un fenomeno che si sta sviluppando : «In genere ricorrono a noi dopo essersi recati dal medico, se questi non diagnostica nulla ma i fastidi continuano.

50

Hanno tutti paura di essere presi per pazzi o che i familiari li facciano rinchiudere in qualche clinica, così vengono da noi per essere aiutati»[99].

«Gli stessi contadini dei paesi da noi visitati di fronte alla malattia vanno anzitutto dal medico e ricorrono al magaro ove l'opera del medico fallisce (forme cronicizzanti, casi di mancata diagnosi)»[100].

Le figure di maghi e di streghe all'interno delle comunità, che aiutavano a risolvere queste situazioni, oggi non sono più così diffuse, ma sono stati sostituiti in qualche modo dai parroci o dai preti esorcisti, «e, allora, attribuisce l'irraggiungibilità del bene e l'inevitabilità del male all'intervento di potenze invisibili, la cui benevolenza è gioia e vita, e la cui collera è sofferenza e morte. La magia tende così a cedere il passo alla religione, lo stregone al sacerdote»[101].

Vediamo, quindi, che il rito tradizionale del togliere il malocchio o altri malefici (che in passato era prerogativa di determinate persone esperte del mondo magico, facilmente individuabili nella comunità) oggi è stato assorbito dalla religione cattolica popolare, soprattutto del Meridione (come il rapporto fra taranta e San Paolo nel tarantismo salentino). Ciò ha stabilito un nuovo rapporto

---

[99] La donna intervistata ha tra i 45-50 anni e proviene da Mondragone; ha preferito restare anonima. Si sforzava di parlare italiano, ma quando non si sapeva esprimere parlava in dialetto. L'intervista è avvenuta nella sagrestia della Chiesa poco prima dell'esorcismo. La donna mi ha lasciato assistere al momento della benedizione, chiedendomi di omettere alcuni dettagli perché aveva timore che qualcuno la potesse giudicare non sana di mente.

[100] Ernesto De Martino, *Ricerca sui guaritori e la loro clientela*, cit., p. 246.

[101] James Gorge Frazer, *Il ramo d'oro*, cit., p. 197.

contraddittorio che vede la causa del male nella magia popolare e la liberazione dai malefici nella religione cattolica attraverso gli esorcismi, grazie ad un'estrema devozione[102].

«La religione è rimasta allo stato di superstizione, ma non è stata sostituita da una nuova moralità laica e umanistica: la religione si è combinata col folclore pagano ed è rimasta in questo stadio»[103].

Conclusioni

Nell'analisi effettuata sulla sopravvivenza della credenza delle streghe nel folklore in Terra di Lavoro e della trasformazione del loro ruolo, si può riscontrare che oggi la figura popolare della strega è quasi del tutto scomparsa; resiste principalmente nei racconti degli anziani, nelle piccole abitudini tramandate dalle famiglie, nei modi di dire scaramantici e nei gesti apotropaici.

La figura delle streghe popolari può però scomparire del tutto se, nel susseguirsi delle generazioni, verranno persi anche questi ricordi residui tramandati oralmente.

È da notare che, di pari passo, è aumentata la credenza nei malefici (non necessariamente provocati da streghe e maghi), permettendo la diffusione di ciarlatani che nulla hanno a che vedere con le figure tradizionali del mondo magico popolare.

Anche se nel meridione l'elemento magico è in sincronia con la religione cattolica popolare, per cui si crede nell'elemento scatenante magico e nella risoluzione del problema attraverso la religione.

---

[102] Cfr. Ernesto De Martino, *La terra del rimorso*, cit., pp. 105-119.

[103] Antonio Gramsci, *Letteratura popolare 1934-1935*, in *Quaderni del carcere*, Torino, Einaudi, 1975 (Iª ed. 1948), vol III, pp. 2119-2120.

Si tratta sicuramente di un dato contraddittorio, che vede una sempre più diffusa credenza nella superstizione e nella magia (spesso causa del mal di vivere) e un tentativo risolutivo all'interno della religione cattolica (con il meccanismo dell'esorcismo).

Il malocchio e la fattura resistono nella tradizione, seppur trasformate essendo state assorbite nel culto cattolico (soprattutto nel Meridione, dove è sempre stata presente la fusione di elementi pagani ed elementi religiosi, in una sorta di folklore devoto alla Chiesa).

La strega del mondo popolare, in passato, era colpevole di situazioni di malessere, spesso con occhio invidioso (il malocchio) causava mali diffusi a singole persone o a intere comunità.

Oggi, in una società che continua ad avere instabilità economiche e discrepanze nelle classi sociali, molte persone (particolarmente nel Sud) seguitano a credere che la colpa sia da attribuire a malefici avuti da chi è invidioso (chi è più brutto, più povero, più solo, più scontento). Se però non si crede più alle streghe, chi è che continua a lanciare malocchi e malefici di altro genere?

La risposta è da ricercare nella situazione di precarietà in cui ci si trova, le difficoltà da affrontare, il tentativo di sopravvivere, le insicurezze sociali e gli isolamenti; chi sta peggio invidia chi sta meglio, perciò la rabbia repressa diviene sovente invidia sociale, e mentre prima i colpevoli erano facilmente individuabili (come streghe e stregoni), oggi non si può più indicare il singolo, se a star male è la collettività.

«Esiste una "morale del popolo", intesa come un insieme determinato (nel tempo e nello spazio) di massime per la condotta pratica e di costumi che ne derivano o le hanno prodotte, morale che è strettamente legata, come la superstizione, alle credenze reali religiose: esistono degli imperativi che sono molto più forti, tenaci ed effettuali che non quelli della "morale" ufficiale»[104].

Se è vero, quindi, che la memoria conserva le tradizioni popolari, forse uno degli ostacoli del perdurare di determinate credenze della cultura popolare o dell'occultarle, è la funzione contestativa che hanno nel limitare l'universalità dei valori ufficiali e nell'analisi gramsciana il non essere riusciti a stabilire un'unità ideologica tra le classi subalterne e le classi dominanti, tra i semplici e gli intellettuali[105].

---

[104] Antonio Gramsci, *1935: osservazioni sul «folclore»*, in *Quaderni del carcere*, cit., p. 2313.
[105] Cfr. Luigi M. Lombardi Satriani, *op. cit.*, pp. 11-92.

Bibliografia

Abbiati Sergio, Agnoletto Attilio, Lazzati Maria Rosario, *La stregoneria. Diavoli, streghe, inquisitori dal Trecento al Settecento*, Milano, Mondadori, 2003 (Iª ed. 1984).

Behringer Wolfgang, *Le streghe*, Bologna, il Mulino, 2008.

Bermani Cesare, *Volare al Sabba. Una ricerca sulla stregoneria popolare*, Roma, DeriveApprodi, 2008.

Bronzini Giovanni Battista, *Il lupo mannaro e le streghe di Petronio,* in « Lares. Rivista trimestrale di studi demo-etno-antropologici », anno LIV, 1988.

Centini Massimo, *Le streghe nel mondo*, Milano, De Vecchi, 2002.

De Blasio Abele, *Inciarmatori, maghi e streghe di Benevento*, Sala Bolognese, Arnaldo Forni Editore, 2007 (Iª ed. 1900).

De Martino Ernesto, *Il mondo magico. Prolegomeni a una storia del magismo*, Torino, Bollati Boringhieri, 2003 (Iª ed. 1948).

De Martino Ernesto, *Ricerca sui guaritori e la loro clientela*, Lecce, Argo, 2008.

De Martino Ernesto, *Sud e magia*, Milano, Feltrinelli, 2006 (I^a ed. 1959).

De Martino Ernesto, *La terra del rimorso. Il Sud, tra religione e magia*, Milano, Il Saggiatore, 2002 (I^a ed. 1961).

Di Simplicio Oscar, *Autunno della stregoneria. Maleficio e magia nell'Italia moderna*, Bologna, il Mulino, 2005.

Duby Georges, Perrot Michélle, *Storia delle donne in Occidente. Il Medioevo,* vol. 1, Roma-Bari, Laterza, 1990.

Escobedo Giulio Carli, *Enciclopedia della Mitologia*, Milano, De Vecchi, 1964.

de Falco Renato, *Alfabeto napoletano,* vol. 1, Napoli, Colonnese, 1999 (I^a ed. 1985).

Ferraiuolo Augusto, *I racconti meravigliosi. Storie popolari campane di streghe, folletti, fantasmi e lupi mannari*, Napoli, ESI, 1995.

Frazer James George, *Il ramo d'oro. Studio sulla magia e sulla religione,* Roma, Newton Compton, 2006 (I^a ed. 1950).

Gardner Gerald, *La stregoneria oggi*, Roma, Venexia, 2007.

Ginzburg Carlo, *I Benandanti. Stregoneria e culti agrari tra Cinquecento e Seicento,* Torino, Einaudi, 2002 (I^a ed. 1966).

Ginzburg Carlo, *Storia notturna. Una decifrazione del Sabba,* Torino, Einaudi, 2008 (I^a ed. 1989).

Gramsci Antonio, *Quaderni del carcere*, Torino, Einaudi, 1975 (I^a ed. 1948).

Leland Charles G., *Il Vangelo delle streghe. Aradia*, Roma, Stampa Alternativa/Nuovi Equilibri, 2001.

Lombardi Satriani Luigi M., *Santi, streghe e diavoli. Il patrimonio delle tradizioni popolari nella società meridionale e in Sardegna*, Firenze, Sansoni, 1971.

Maiello Lina, *Mignano Monte Lungo. Storia, tradizioni e immagini*, Napoli, Ci.esse.ti., 1984.

Maxwell-Stuart P. G., *Witchcraft in Europe and the New World, 1400-1800*, New York, Palgrave, 2001.

Meriggi Stefano, *Le tre bocche di Cerbero. Il caso di Triora: le streghe prima di Loudun e Salem*, Milano, Bompiani, 2004.

Michelet Jules, *La strega*, Roma-Viterbo, Stampa Alternativa/Nuovi Equilibri, 2005 (Iª ed. 1971).

Miele Saturnino, *La croce e il Gallo. Storia, tradizioni e immagini di Galluccio*, Napoli, Ci.esse.ti., 1984.

Murray Margaret A., *Le streghe nell'Europa Occidentale*, Roma, Tattilo Editrice, 1974.

Nola Alfonso M. di, *La nera signora. Antropologia della morte e del lutto*, Roma, Newton Compton, 2003 (Iª ed. 1995).

Palumbo Valeria, *Le figlie di Lilith*, Roma, Odradek, 2008.

Piedimonte Antonio Emanuele, *Nella terra delle janare. Viaggio nell'Irpinia segreta, tra leggende, magia e misteri*, Napoli, Intramoenia, 2007.

Piperno Pietro, *Della superstitiosa noce di Benevento*, Sala Bolognese, Arnaldo Forni Editore, 2003 (Iª ed. 1640).

Romanazzi Andrea, *La stregoneria in Italia. Scongiuri, amuleti e riti della tradizione*, Roma, Venexia, 2007.

Romeo Giovanni, *L'Inquisizione nell'Italia moderna*, Roma-Bari, Laterza, 2006.

Sallmann Jean-Michel, *Le streghe amanti di Satana*, Torino, Universale Electa/Gallimard, 1995.

Shandler Nina, *The strange case of Hellish Nell: the story of Helen Duncan and the witch trial of World War II*, Cambridge, Da Capo Press, 2006.

Vuoso Ugo, *Di fuoco, di mare e d'acque bollenti. Leggende tradizionali dell'isola d'Ischia*, Ischia Ponte, Imagaenaria, 2005.

Wier Johann, *Le streghe*, Palermo, Sellerio, 1991.

Zucca Michela, *Donne delinquenti. Storie di streghe, eretiche, ribelli, rivoltose, tarantolate*, Napoli, Edizioni Simone, 2004.

www.ingramcontent.com/pod-product-compliance
Lightning Source LLC
Chambersburg PA
CBHW051402280526
45784CB00007B/3065